„Der ängstliche kleine Spatz"

Zu dieser Geschichte können Sie auch 10 vierfarbige Folien für Tageslichtschreiber erhalten. Die Folien eignen sich hervorragend, einen größeren Kreis von Kindern in Schule und Gemeinde anzusprechen. Den Tageslichtfolien liegen der vollständige Text der Geschichte sowie didaktische Hinweise für die Darbietung bei.

Die englische Ausgabe erschien unter dem Titel:
„The Very Worried Sparrow"

© 1991 Lion Publishing, Oxford
© des englischen Textes 1991 Meryl Doney
© der Illustrationen 1991 William Geldart

Deutsch von Elsi Wälti

CIP-Titelaufnahme der Deutschen Bibliothek

Der ängstliche kleine Spatz / erzählt von Meryl Doney.
Ill. von William Geldart. [Dt. von Elsi Wälti]. –
10., überarb. Aufl. - Giessen ; Basel : Brunnen - Verl. ;
Winterthur ; Marienheide : BLB-Verl., 1991
ISBN 3-7655-5664-5 (Brunnen-Verl.) Gb.
ISBN 3-87982-657-9 (BLB-Verl.) Gb.

© der deutschen Ausgabe
1991 Brunnen Verlag Gießen
Satz: Jung SatzCentrum
Gedruckt in Singapur
Alle Rechte vorbehalten

Der ängstliche kleine Spatz

Meryl Doney
Illustrationen von William Geldart

BRUNNEN VERLAG GIESSEN/BASEL
BLB VERLAG WINTERTHUR/MARIENHEIDE

Wenn Jesus den Leuten etwas von Gott sagen wollte, gebrauchte er dazu oft Beispiele aus der Natur. Besonders gefällt mir, wie Jesus erzählt, daß Gott uns wie ein Vater liebt und immer für uns sorgt.

„Was ist schon ein Spatz auf dem Dach wert?
Und doch wird keiner von ihnen von Gott vergessen."

„Seht euch die Raben an!
Sie säen nicht und ernten nicht.
Sie haben weder Vorratskammern noch Scheunen.
Und doch sorgt Gott für sie.
Ihr aber seid viel mehr wert als die Vögel!"

Ich bin nicht sicher, ob Vögel wissen, daß es einen Vater im Himmel gibt. In der Geschichte vom ängstlichen kleinen Spatzen habe ich mir vorgestellt, sie wüßten es.

Es war einmal ein kleiner Spatz, der sich immer und über alles Sorgen machte. Alle andern Vögel schauten zum blauen Himmel hinauf und zwitscherten vor Freude. Aber dieser kleine Spatz ließ den Kopf hängen und gab keinen einzigen „Piep" von sich. Immer sah er traurig aus.

Er hatte sich schon Sorgen gemacht, als er noch ein ganz kleines Spatzenbaby war. Seine Brüder und Schwestern versuchten immer wieder, ihm sein ängstliches Sorgen abzugewöhnen.

„Tschiep, tschiep, tschiep – freu dich doch!" riefen sie ihm zu.

Aber er antwortete nur: „Piep, piep – oh, ich armer Spatz...!"

Der kleine ängstliche Spatz wuchs und wurde größer. Aber je größer er wurde, um so mehr Gedanken machte er sich: „Ich Armer, ach, ich Armer", seufzte er.
„Ich bin so hungrig. Werde ich auch genug zu essen bekommen?"

Seine Brüder und Schwestern schienen sich darüber gar keine Sorgen zu machen. Sie saßen in ihrem Nest, schauten vergnügt in die Baumkrone hinauf und in den leuchtendblauen Himmel.

„Wie leichtsinnig! – Die machen sich überhaupt keine Gedanken!" sagte der kleine Spatz zu sich selbst.

Auf einmal war ein Schwirren zu hören. Die Vogelmutter kehrte ins Nest zurück. Sie hatte fünf dicke, saftige Raupen im Schnabel.

„Tschiep, tschiep, tschiep!" schrien die Spatzenkinder, und die Mutter stopfte jedem eine Raupe in den Schnabel.

So wurden die Spatzenkinder rund und dick. Ihre Federn begannen zu wachsen. Schon konnten sie auf dem Nestrand stehen, ohne das Gleichgewicht zu verlieren. Sie streckten ihre Flügel aus und schlugen damit auf und nieder.

Und eines Tages war es dann soweit. Der Spatzenvater sagte: „Ich denke, es ist Zeit, daß ihr fliegen lernt."
„Tschiep, tschiep – hurra!" schrien die kleinen Vögel begeistert. Alle, außer dem kleinen ängstlichen Spatzen, der sich gleich wieder Sorgen machte. „Piep, piep – o weh...!" jammerte er nur und blickte noch furchtsamer drein als je zuvor.

Alle Spatzen hüpften aus dem Nest auf einen dicken Ast. Dort saßen sie in Reih und Glied und schlugen mutig mit den Flügeln.

Ganz in der Nähe war ein Zaun. Dorthin flogen Vater und Mutter Spatz. „Kommt herüber!" riefen sie ihren Kindern zu.

Ein kleiner Spatz nach dem andern hob seine Flügel und wagte es. „Tschiep, tschiep, tschiep! Fliegen ist herrlich!" riefen sie einander aufgeregt zu.

Nur der ängstliche kleine Spatz hopste unentschlossen von einem Fuß auf den andern. „Ich lerne das nie", piepste er mutlos vor sich hin. „O ich Armer!" Er war so verängstigt, daß er das Gleichgewicht verlor und vom Ast kippte. Und dann? Dann schluckte er einmal, breitete seine kleinen Flügel weit aus – und flog. Er flog wahrhaftig!

„Siehst du", sagte die Vogelmutter, als er sicher neben ihr landete, „auch du kannst es!"

Der Frühling war vorbei. Die warmen Sommertage kamen. Und die kleinen Vögel wuchsen.

Sie lernten, zwischen den grünen Blättern selber Raupen zu finden. Schnipp-schnapp machten ihre fleißigen Schnäbel. Sie suchten nach Samenkörnern in der braunen Erde und nach Beeren in den Sträuchern.

Und das Schönste: sie lernten pfeifen! Die Welt war erfüllt von ihrem fröhlichen Gezwitscher.

Alle machten mit – alle außer dem ängstlichen kleinen Spatzen. „Die Welt ist so groß und weit", dachte er ängstlich. „Wenn ich vom Nest wegfliege, finde ich nicht mehr nach Hause! Piep, piep, o weh!"

Und er sah noch unglücklicher aus als sonst.

Als die Dämmerung hereinbrach, versammelte der Spatzenvater alle seine Kinder um sich. Warm und gemütlich war es im Nest. Und der Spatzenvater begann, ihnen wunderbare Geschichten zu erzählen. Geschichten aus längst vergangenen Zeiten und fernen Ländern:

Vom Vater im Himmel,
der die Welt und alles, was darin ist, gemacht hat;
davon, wie der Tag beginnt und woher der Wind kommt,
und von all den großen und kleinen Dingen der Lebens.

Die jungen Vögel hörten mit glänzenden Augen zu. Nur einer nicht: der ängstliche kleine Spatz. Er war zu unruhig, er fürchtete sich zu sehr, um wirklich zuhören zu können. Ängstlich spähte er in die Dunkelheit hinaus – bis ihm schließlich die müden Augen langsam zufielen und er einschlief.

Der Sommer war schon halb vorbei, als der ängstliche kleine Spatz ein wenig mutiger wurde. Er wagte sich von zu Hause fort, flog hierhin und dorthin, suchte Nahrung – aber natürlich machte er sich auch jetzt Sorgen, wo er sie wohl finden könnte.

Da huschte plötzlich ein riesiger Schatten über den Erdboden. Dem kleinen Spatz blieb das Herz fast stehen, so erschrocken war er. Dicht über ihm schwebte ein Habicht.

Und dann begann sein Spatzenherz so schnell zu klopfen, und die Angst war so groß, daß er sich nicht einmal mehr Sorgen machen konnte. Er duckte sich, machte sich so klein und unsichtbar wie nur möglich – und wartete zitternd ab.

Die großen Flügel rauschten in der Luft – und der Habicht stieß herab...

Als der Spatz die Augen wieder öffnete, sah er den schrecklichen Feind eben wieder auf und davon fliegen. In seinen großen Klauen hielt er eine Feldmaus.

„Oooooo weh!" hauchte der Spatz. „O weh, o weh!" Als er endlich wieder etwas Mut gefaßt hatte und sich ein wenig besser fühlte, flog er nach Hause, so schnell ihn seine Flügel trugen.

Nach diesem Erlebnis sah der Spatz noch sorgenvoller drein als zuvor.

Die Herbstwinde bliesen, und die Bäume verloren ihre Blätter. „O weh, o weh", dachte der kleine Spatz. „Nun wird es kälter und immer noch kälter. Wie soll ich mich da warmhalten können?"

Über Nacht kam der Frost. Dann fiel der Schnee und bedeckte den ganzen Erdboden mit einer dicken Decke aus funkelnden Schneeflocken. Das Wasser im Vogelbad des Gartens wurde zu Eis. Die Pfützen und Teiche froren zu.

„O weh", dachte der Spatz verzagt. „Wo soll ich etwas Eßbares finden? Und wo Wasser zum Trinken?"

Doch – er fand etwas! In der Nähe gab es einen kleinen Teich. Er lag so geschützt, daß er nicht zufror. Jeden Tag schloß sich nun unser Spatz den andern Vögeln an, die dort tranken. Zwar mußte er oft lange suchen – aber er fand doch immer wieder Samenkörner auf der kalten Erde und Beeren in den Hecken.

Und später streuten Kinder aus dem nahen Haus jeden Morgen Brotkrümel auf den schneebedeckten Rasen im Garten. Die wartenden Spatzen stürzten sich jedesmal mit viel Lärm darauf und zankten sich um die besten Brocken.

Endlich kam der Frühling, und der Schnee schmolz. Die Sonne funkelte in den Wassertropfen, die von den Zweigen und Dächern fielen, und verwandelte sie in glitzernde Perlen. Die Spatzen wurden plötzlich ganz aufgeregt. „Bald ist Nistzeit", sagten sie zueinander. Die Spatzenmädchen kicherten und flüsterten miteinander in den Zweigen, und die Spatzenbuben schwirrten hin und her, plusterten sich auf, zwitscherten und pfiffen – damit sie auch ja bemerkt würden.

Bald danach sah man überall Vogelpärchen, die zusammen nach einem guten und sicheren Platz suchten, wo sie ihr Nest bauen konnten.

„O weh", dachte der ängstliche Spatz mutlos. „Was soll ich nur tun? Mich will bestimmt niemand als Mann haben."

Traurig flog er davon – ganz allein. Schließlich landete er auf einem kleinen Apfelbaum ganz hinten im Garten. Aber da war schon jemand: ein scheues, kleines Spatzenmädchen.

„Piep", sagte es ganz leise.

„Piep, piep", sagte der besorgte Spatz ein wenig lauter. Und neben all seinen Sorgen hatte plötzlich auch eine leise Hoffnung Platz.

„Willst du meine Frau werden?" fragte er schnell.

„O ja!" antwortete das schüchterne kleine Spatzenmädchen und lächelte ihm zu.

Zuerst waren der Spatz und seine kleine Frau sehr glücklich. Sie flogen miteinander im Garten umher. Die Frühlingssonne schien immer wärmer und wärmer.

Doch nach einer Weile fing der Spatz wieder an, sich Sorgen zu machen. „Wo können wir nur unser Nest bauen?" fragte er bekümmert.

„Die andern haben die guten Plätze schon alle besetzt. Ich werde keinen ruhigen und sicheren Ort mehr finden."

Die scheue kleine Spatzenfrau flog zurück zum kleinen Apfelbaum ganz hinten im Garten.

„Sieh nur", zwitscherte sie, „hier hat noch niemand begonnen, ein Nest zu bauen. Und hier ist es ganz ruhig und ganz sicher."

„Du hast recht", antwortete der Spatz und sah schon ein wenig vergnügter aus. „Wir müssen gleich mit dem Bauen beginnen!"

Die Zeit der Apfelblüte war vorbei. Junge grüne Blätter schützten das Nest vor fremden Blicken. Und eines Tages saß die scheue kleine Spatzenfrau voller Stolz in ihrem Nest. Unter ihren weichen, warmen Federn lagen vier wunderhübsche, kleine Eier verborgen. Ihr Mann flog emsig hin und her und brachte ihr die feinsten Leckerbissen.

Nun hätte er doch glücklich sein können – statt dessen aber machte er sich große Sorgen. „Piep, piep, piep – o weh! Hoffentlich passiert kein Unglück mit unseren kleinen Eiern! Eine Katze könnte kommen oder ein Habicht! Der Baum könnte umfallen, oder... Und wo soll ich später genug Futter für die Spatzenbabys finden?" seufzte er laut.

Da hörte er eine sanfte Stimme: „Ruuguuguu – ist etwas passiert?" Es war die Taube von nebenan. Sie lächelte dem kleinen Spatzen freundlich zu. „In meinem ganzen Leben habe ich noch nie einen Spatzen gesehen, der verzagter in die Welt schaute als du. Kann ich dir helfen?"

„Ach", seufzte der Spatz bedrückt, „es gibt so viele Dinge, die mir Sorgen machen."

Und eine große Träne rollte langsam über seinen Schnabel und tropfte auf seine Zehe.

„Ruuguuguu", gurrte die Taube erstaunt. „Weißt du denn nichts vom Vater im Himmel, der uns alle gemacht hat? Haben dir deine Eltern nichts von ihm erzählt?"

„Doch – ach nein", schnupfte der Spatz. „Ich hatte zu viele Sorgen, um richtig zuhören zu können. Aber bitte, erzähl mir jetzt davon!"

„Der Vater im Himmel hat uns alle gemacht", erklärte die Taube. „Er hat uns erschaffen, und er weiß alles von uns. Er kümmert sich um uns und gibt uns alles, was wir nötig haben. Er weiß sogar, wann unsere Zeit gekommen ist, diese Erde zu verlassen. Ruuguuguu..."

„Oooh", flüsterte der Spatz, und seine Augen wurden vor Staunen ganz rund, „das alles wußte ich ja gar nicht."

„Hast du nicht immer genug zu essen bekommen, als du noch ein kleines Vogelbaby warst?" fragte die Taube.

„Ja, doch", nickte der Spatz.

„Und als du fliegen lerntest, hast du dir da weh getan?"

„Nein, eigentlich nicht", antwortete der Spatz und dachte dabei an seine erste Flugstunde zurück.

„Und die Geschichte mit dem Habicht?" erinnerte ihn die Taube freundlich. „Deine Zeit war damals noch nicht gekommen, nicht wahr?"

„Ich denke nicht", sagte der Spatz.

„Und dein Essen und Trinken, deine Frau, euer Nest, die wunderhübschen, kleinen Eier – all das kam zur rechten Zeit. Stimmt's?"

Der kleine Spatz sah schon ein wenig glücklicher aus. „Ja – ja, du hast recht", zirpte er. „Könntest du nicht mit mir nach Hause kommen?" bat er die Taube. „Komm und erzähle uns mehr. Diesmal will ich bestimmt gut zuhören."

So flog die Taube zu dem kleinen Apfelbaum ganz hinten im Garten und setzte sich dort auf den Ast, der dem Nest am nächsten war. Und als die Sonne langsam hinter den Hügeln unterging und sich alle Vögel zum Schlafen bereitmachten, erzählte die Taube dem Spatzenpärchen die Geschichte aus längst vergangenen Zeiten und fernen Ländern:

Vom Vater im Himmel,
der die Welt und alles, was darin ist, gemacht hat;
davon, wie der Tag beginnt und woher der Wind kommt,
und von all den großen und kleinen Dingen des Lebens.

Immer mehr Spatzen hörten der Taube zu. Sie sprach vom Frühling, Sommer, Herbst und Winter, wie die Jahre vergehen und die Dinge wachsen und wie neues Leben entsteht, so wie der Vater im Himmel es will.

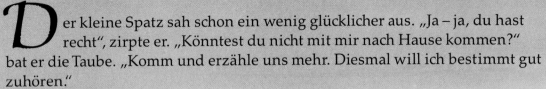

Am nächsten Morgen, als die Sonne aufging, leuchtete und glänzte alles wie neu im Morgenlicht. Die Blumen streckten ihre Gesichter der Sonne entgegen, und die Vögel zwitscherten vor Freude. Da war im Nest ein leises Geräusch zu hören.

„Tick, tick, tick", tönte es aus einem der Eier. „Tick, tick, tick!"

„Es ist eines unserer Babys!" rief die scheue kleine Spatzenfrau aufgeregt. „Heute werden sie ausschlüpfen."

Und was tat der sorgenvolle Spatz, der nun gar nicht mehr voller Sorgen war? Er lächelte... Und er sah ebenso glücklich aus wie seine kleine Frau.

„Ich kann es fast nicht mehr erwarten, bis sie ausschlüpfen", sagte er. „Wir werden sie füttern, wir werden sie versorgen. Wir werden ihnen das Fliegen beibringen. Wir haben viel zu tun! Und ich werde ihnen vom Vater im Himmel erzählen, der die Welt und alles, was darin ist, gemacht hat und der sich sogar um jeden Spatz kümmert. Meine Kinder sollen sich an keinem einzigen Tag Sorgen machen müssen."

Und er schlug mit seinen Flügeln und zwitscherte fröhlich – zusammen mit allen andern Vögeln. „Tschiep, tschiep, tschiep", pfiff er so laut, daß sein kleines Vogelherz fast zersprang vor Freude.